T0021066

CIENCIAS DEL PATIO TRASERO

HORMIGAS SORPRENDENTES

De Miranda Kelly

Traducción de Santiago Ochoa

Un libro de El Semillero de Crabtree

CRABTREE
Publishing Company
www.crabtreebooks.com

Índice

Hormigas

Tal vez pienses que las hormigas son plagas espeluznantes que se arrastran. Pero las personas que las estudian creen que son los **insectos** más interesantes de la Tierra.

5

Las hormigas viven y trabajan juntas en una **colonia**. Las colonias pueden tener desde unas 50 hormigas hasta millones de ellas.

colonia

La mayoría de las colonias tiene tres tipos de hormigas: al menos una **reina** que pone huevos, otras hormigas hembras y machos.

hormiga reina

reina

Los trabajos de las hormigas

Cada hormiga tiene un trabajo en la colonia. El trabajo de la reina es poner huevos. Ella mantiene la colonia en crecimiento.

Las hormigas macho se llaman **zánganos**. Estos se aparean con las futuras reinas. Los zánganos suelen volar para encontrar una nueva colonia y una nueva reina.

hormiga macho

zángano

13

hormiga obrera hembra

Las hormigas obreras son hembras. Protegen a la reina, buscan comida y cuidan el hormiguero.

Hormigueros

Los nidos de hormigas se llaman hormigueros.
Todos los hormigueros son diferentes. Las hormigas
construyen hormigueros que se adaptan al **entorno**.

Incursiones de hormigas

Para alimentar a la colonia, las hormigas buscan comida en grandes grupos por medio de **incursiones**.

Algunas colonias de hormigas comen miles de insectos al día.

Glosario

colonia: Una colonia es un grupo grande de animales que viven juntos, como una colonia de hormigas.

entorno: El entorno es el mundo natural del aire, el suelo y el agua de la Tierra.

incursiones: Las incursiones ocurren cuando un grupo grande de hormigas entra a un área para buscar alimento.

insectos: Los insectos son pequeños animales con seis patas, tres secciones en el cuerpo y sin columna vertebral.

reina: La reina es la única hormiga hembra cuyo trabajo es poner huevos.

zánganos: Los zánganos son hormigas macho cuyo trabajo es aparearse con la reina.

Índice analítico

Apoyo escolar para cuidadores y profesores

Este libro ayuda a los niños a crecer permitiéndoles practicar la lectura. A continuación se presentan algunas preguntas orientativas para ayudar al lector a desarrollar su capacidad de comprensión. Las posibles respuestas que aparecen aquí están en color rojo.

Antes de leer

- **¿De qué creo que trata este libro?** Creo que este libro trata de las muchas cosas únicas que hacen las hormigas. Creo que este libro trata de cómo y dónde viven las hormigas.

- **¿Qué quiero aprender sobre este tema?** Quiero saber más sobre por qué algunas hormigas pican a la gente. Quiero aprender cómo las hormigas pueden mover objetos que son mucho más grandes que ellas.

Durante la lectura

- **Me pregunto por qué...** Me pregunto por qué las hormigas viven en grandes grupos. Me pregunto por qué las hormigas macho se llaman zánganos.

- **¿Qué he aprendido hasta ahora?** He aprendido que las hormigas tienen al menos una reina que pone huevos en cada colonia. He aprendido que una colonia de hormigas puede tener desde 50 hormigas hasta millones de ellas.

Después de leer

- **¿Qué detalles he aprendido sobre este tema?** He aprendido que las hormigas obreras son hembras. He aprendido que las hormigas obreras protegen a la reina, buscan comida y cuidan el nido.

- **¿Qué detalles he aprendido sobre este tema?** Veo la palabra *colonia* en la página 6 y la palabra *incursiones* en la página 19. Las otras palabras del glosario se encuentran en las páginas 22 y 23.

Library and Archives Canada Cataloguing in Publication

CIP available at Library and Archives Canada

Library of Congress Cataloging-in-Publication Data

CIP available at Library of Congress

Crabtree Publishing Company

www.crabtreebooks.com   1–800–387–7650

Written by: Miranda Kelly
Translation to Spanish: Santiago Ochoa
Spanish-language Copyediting and Proofreading: Base Tres
Print coordinator: Katherine Berti

Print book version produced jointly with Blue Door Education in 2023

Printed in the U.S.A./072022/CG20220201

PHOTO CREDITS:
istock.com, shutterstock.com, Cover; ConstantinCornel. Pg2/3; PhanuwatNandee. Pg4/5: Credit:Anterovium. Pg6/7; fotoco-istock. Pg8/9; markhonosvitaly, akwitps. Pg10/11; Pavel Krasensky. Pg12/13; Digoarpi, Jamraslamyai | Dreamstime.com. Pg14/15; webguzs, lamyai. Pg16/17; Mark R Coons, Ignatiev, cweimer4. Pg18/19; thatreec, verapon. Pg20/21; popphoto2526, Poravute. Pg22/23; mypicksy, Maor Winetrob, Henrik.L, Pavel Krasensky, andreasgaertner, © Jamraslamyai | Dreamstime.com

Published in the United States
Crabtree Publishing
347 Fifth Ave.
Suite 1402-145
New York, NY 10016

Published in Canada
Crabtree Publishing
616 Welland Ave.
St. Catharines, Ontario
L2M 5V6